阅读提示：

● 书中所绘树叶大小约为实物大小的 80%。

● 正文中的植物和动物名称均以彩色文字标出。解说中的植物名称仅供参考。

● 解说中将介绍该植物在中国的分布区域（包括产地和种植地），内容仅供参考。

● 部分植物虽然以某些国家或地区命名，但不代表它们只分布在这些国家或地区，它们在中国也可能有分布。

● 书中介绍的落叶游戏请在成人的陪同下进行，玩耍时请充分了解现场环境，注意安全。

落叶中**的**自然课

[日] 岩佐祐子 著　李一凡 译

唉？
明明是春天，
怎么有落叶？

是谁在落叶呢？

CTS｜Ⅲ 湖南少年儿童出版社 ·长沙
HUNAN JUVENILE & CHILDREN'S PUBLISHING HOUSE

之前还绿油油的樟树，
却在春天换叶子了。

快长出新树叶吧!

樟

旧树叶再见啦。

到了赛龙舟的时候，
交让木也开始换叶了。

新生的叶片向着天空伸展，
与此相对，

旧叶片
　　唰唰地
　　　　落下。

交让木

3

夏天快到了,
碧绿的树下
躺着曾经辛勤劳动的落叶们。

长果锥

山茶

厚叶石斑木

红楠

夹竹桃

枇杷

女贞

4

舟山新木姜子

荷花木兰

金森女贞

厚皮香

油亮的褐色叶子是荷花木兰的，
红色叶子是厚皮香的，黄色叶子是青木的，
可食柯的落叶堆积如山。

青木

可食柯

三裂树参

栀子

山杜英

云杉

沙沙沙 ——
栀子和山杜英一直坚持到酷暑时节
才纷纷开始落叶，
三裂树参呢？准备好了吗？

光蜡树

南天竹

宽苞十大功劳

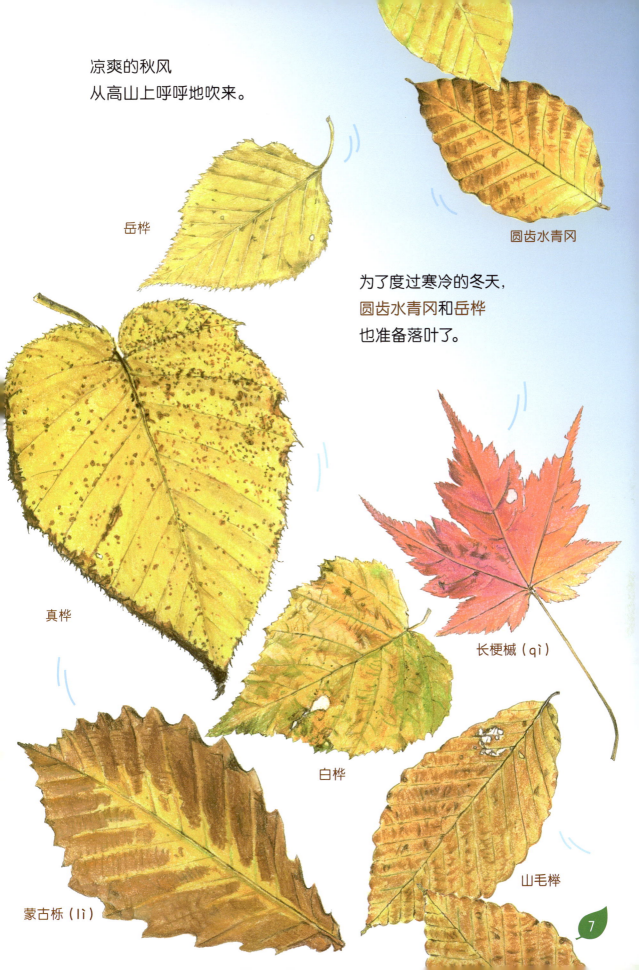

凉爽的秋风
从高山上呼呼地吹来。

岳桦

圆齿水青冈

为了度过寒冷的冬天，
圆齿水青冈和岳桦
也准备落叶了。

真桦

长梗槭（qì）

白桦

蒙古栎（lì）

山毛榉

7

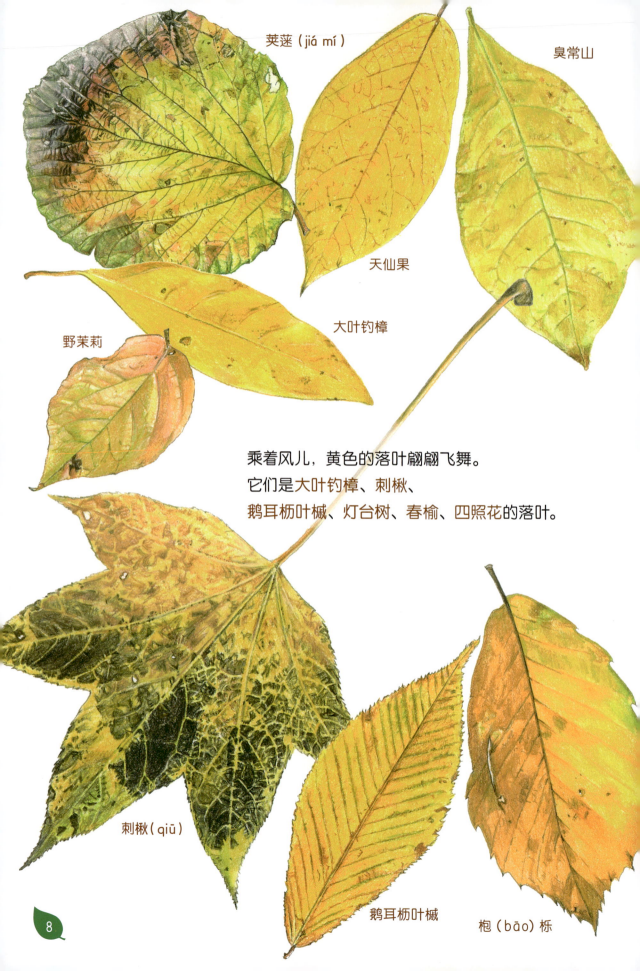

荚蒾（jiá mí）

臭常山

天仙果

大叶钓樟

野茉莉

乘着风儿，黄色的落叶翩翩飞舞。
它们是大叶钓樟、刺楸、
鹅耳枥叶械、灯台树、春榆、四照花的落叶。

刺楸（qiū）

鹅耳枥叶械

枹（bāo）栎

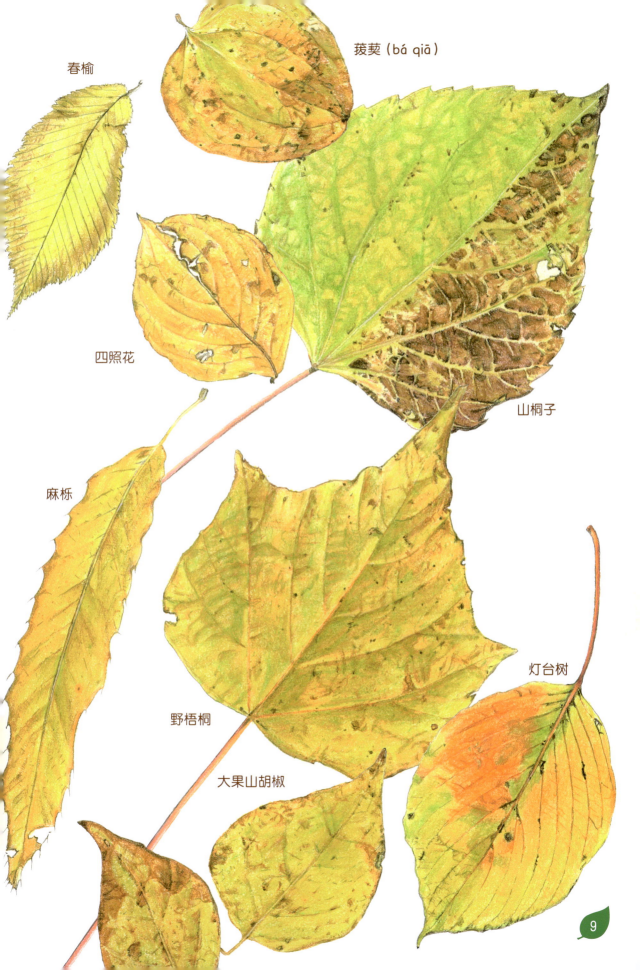

春榆

菝葜（bá qiā）

四照花

山桐子

麻栎

野梧桐

灯台树

大果山胡椒

多花领春木

三桠乌药

深裂钓樟

这些叶子是
　　森林里的谁掉的?

它们还带着酱油的香味。

连香树

胡桃楸

厚朴

森林里有微风从山谷吹来，
沙沙，沙沙沙，
大片的叶子掉下来。
厚朴、鼻甲七叶树、胡桃楸。

鼻甲七叶树
（七片叶子中的一片）

莢蒾
（充分吸收阳光的叶子）

垂丝卫矛

太阳公公把叶子染成了红色，
莢蒾、地锦、毛葡萄。

海滨木槿

毛葡萄

地锦
（粗枝上的叶子）

地锦
（嫩枝上的叶子）

毛叶石楠

12

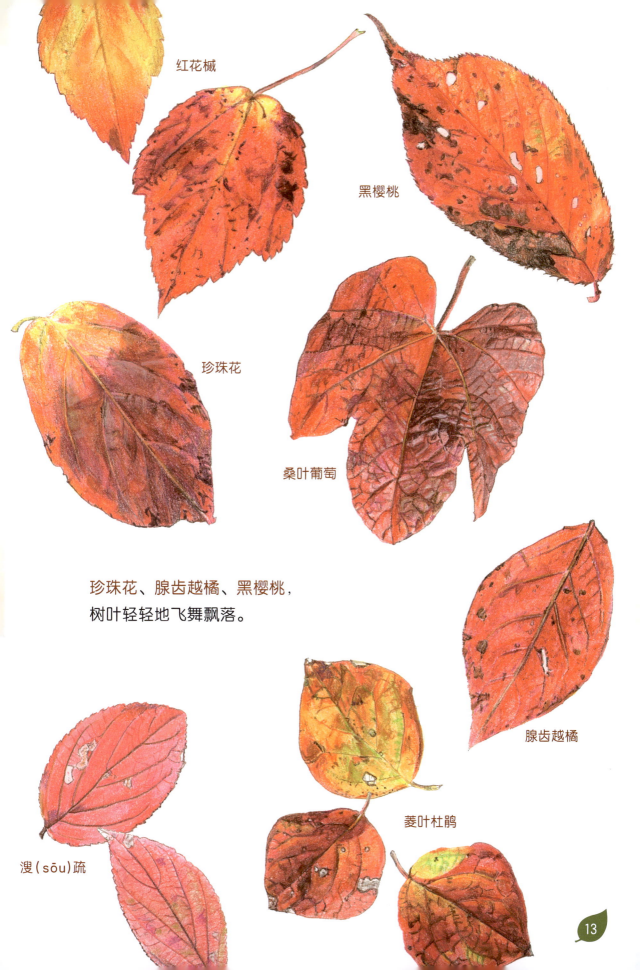

红花槭

黑樱桃

珍珠花

桑叶葡萄

珍珠花、腺齿越橘、黑樱桃，
树叶轻轻地飞舞飘落。

腺齿越橘

菱叶杜鹃

溲（sōu）疏

三片叶子为一枝，
枝上的叶子红彤彤。

毛果槭

七灶花楸

鲜红的小叶子排成一排。

鸦胆子

东方毒漆藤

但是,
　要小心这些红色的叶子。
　它们是漆树属植物的叶子,
　碰到就会起皮疹。

木蜡树

野漆

15

五月艾、垂序商陆、鸡屎藤、
尖叶薯蓣，田野里的草也变了颜色，
或紫色，或金色。

葛
（三片叶子为一枝，
此为中间那片叶子）

圆叶玉簪

狗尾草

尖叶薯蓣(yù)

鸡屎藤

垂序商陆

五月艾

16

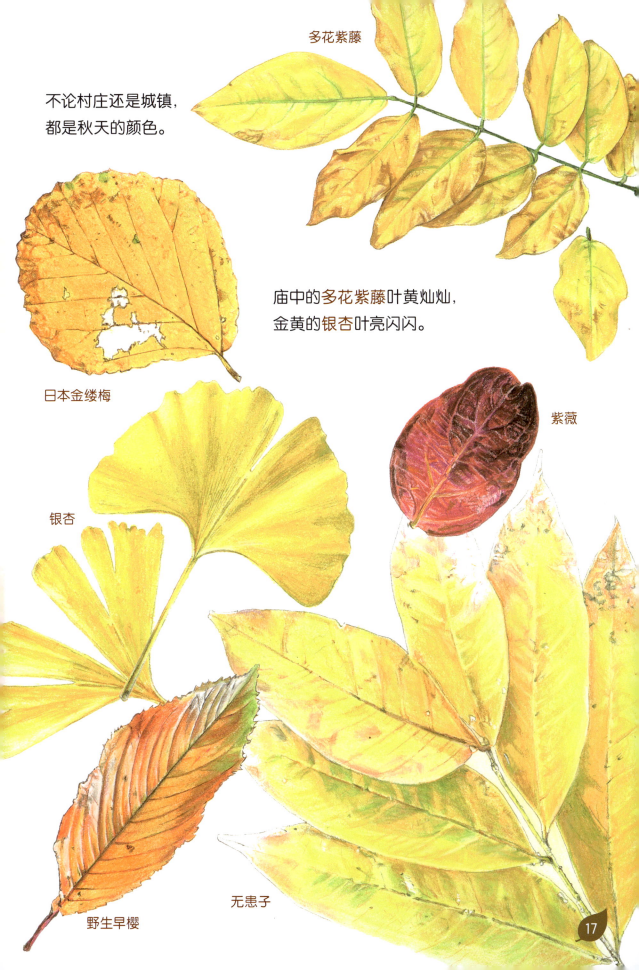

多花紫藤

不论村庄还是城镇，
都是秋天的颜色。

庙中的多花紫藤叶黄灿灿，
金黄的银杏叶亮闪闪。

日本金缕梅

紫薇

银杏

无患子

野生早樱

沙——沙——在风声中，
北美鹅掌楸、大花四照花、东京樱花的
落叶在公园里飞扬。

大花四照花

北美鹅掌楸

水杉

北美枫香

枫香树

东京樱花

落羽杉

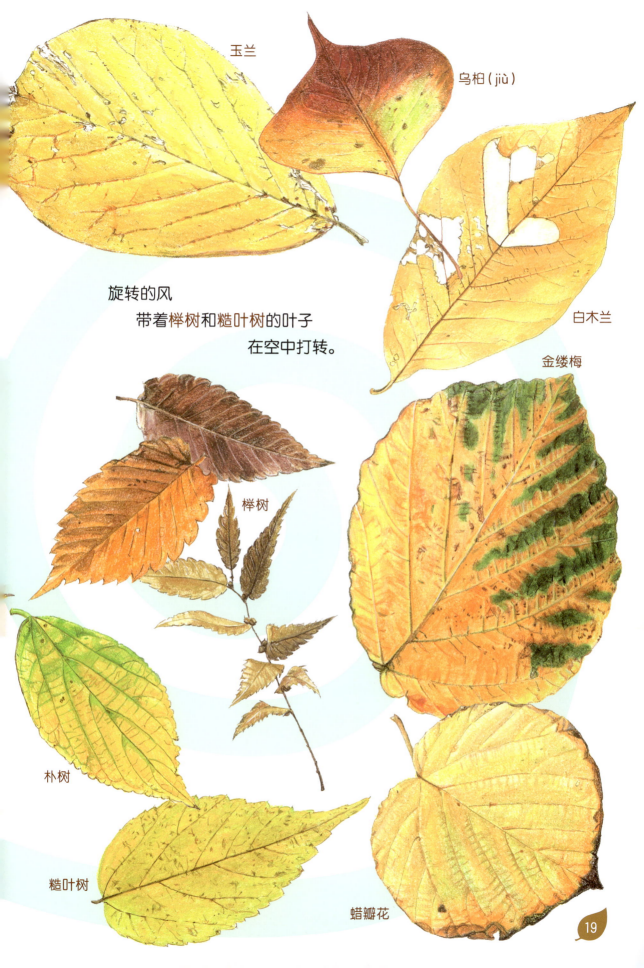

玉兰

乌桕（jiù）

白木兰

旋转的风
　带着榉树和糙叶树的叶子
　　　在空中打转。

榉树

金缕梅

朴树

糙叶树

蜡瓣花

19

葡萄、柿、圆栗都是会结果的树，
地里的蓝莓叶是紫红色的，
杏树的落叶是美丽的粉红色，
真想用这些落叶做一件好看的衣服。

圆栗

蓝莓

杏

柿

葡萄

石榴

梅

加拿大唐棣（dì）

槲（hú）树

锦绣杜鹃

木芙蓉

姬娑罗

卫矛

花椒

明明没有风，却传来窸窸窣窣的声音，
田野中和花园里的树也开始悄悄落叶，
它们是卫矛、姬娑罗和台湾吊钟花。

夏椿

台湾吊钟花

21

鸡爪槭

山楂叶枫

山上的枫叶 *
　　　在风中飞舞，

城里的枫叶
　　　也在风中飞舞。

瓜皮槭

五角槭

鬼槭

* 槭树多俗称枫树。

三角槭

羽扇槭

翩翩然，
　　它们在
　　　　尽情地转圈。

　　　　献上精彩绝伦的，
　　　　最后的舞蹈。

鸡爪槭

富宁槭

23

咔嚓，咯吱，

　　咔嚓，咯吱，

　　　　　　让我们穿越落叶的海洋！

24

哗啦啦，踢一脚，
　　掀起叶浪。

　　　　　咔嚓，咯吱，
　　　　　　我们走吧！

下雨了！雨水打湿落叶渗入其间。

太阳把落叶晒干，
雨水又把它们打湿。

霜降，
　　雪落。

冰冻，
　　融化。

渐渐地，
落叶开始腐烂。

落叶中的生物有
蚯蚓、姬马陆、
鼠妇等。

它们在这里
进食，消化，
排便。

木蠊（lián）

鼠妇

蚯蚓

姬马陆

落叶静悄悄地腐烂，

一年，
　　两年，
　　　　五年，
　　　　　十年……

最终化作融入大地的土壤。

圆齿水青冈的新芽

夏天快到了，
碧绿的树下
躺着曾经辛勤劳动的落叶们。

让我们从树木和树叶的角度
来了解更多
关于落叶的知识吧！

关于落叶一

树叶的工作原理是什么？
什么是落叶？

当树叶暴露在强光下时，会利用空气中的二氧化碳和从泥土里吸收的水分来制造淀粉，为树木提供营养，同时排出氧气，这个过程被称为光合作用。当光合作用进行得不顺利时，树叶会枯萎掉下成为落叶。

●光合作用

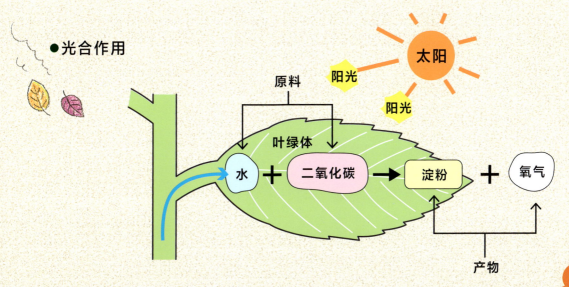

太阳

阳光

阳光

原料

叶绿体

水 ＋ 二氧化碳 → 淀粉 ＋ 氧气

产物

常绿树

一年四季都有绿叶的树被称为常绿树，常绿树也会落叶。你可以在春、夏季找一找樟树和可食柯的落叶，在秋季找一找松树、柳杉和三裂树参的落叶。常绿树的叶子也会先变成红色、黄色或褐色然后掉落。

▼三裂树参 秋季会大面积落叶，春季和夏季部分落叶。

叶子的形状多种多样。

▲樟树 在 4～5 月会换掉大部分树叶。

◀可食柯 在夏季月大面积落叶。

落叶树

冬天，公园旁的落叶树树叶会全部掉落。

寒冷或干旱季节到来时，树叶枯死脱落的树被称为落叶树。冬季又冷又干燥，树木很难从土壤里吸收水分，而树叶会加速水分流失。因此落叶树会在冬季掉光树叶，开始休息。

常绿树的叶子寿命更长

落叶树的树叶寿命为 6～8 个月。常绿树的树叶寿命则为 1～4 年，甚至 5 年。

山茶

云杉

山茶和云杉的树叶在长出 4～5 年后才开始掉落。

为什么落叶有各种各样的颜色？

树叶之所以是绿色的，是因为它们含有一种叫作叶绿素的绿色色素。除此之外，树叶还含有一种黄色色素，被称为类胡萝卜素。当树叶老化时绿色会褪去，这时我们就能看到隐藏的黄色了。

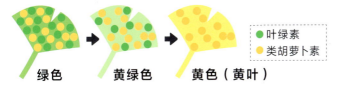

● 叶绿素
● 类胡萝卜素

绿色　　黄绿色　　黄色（黄叶）

紫色的落叶

如果残留在树叶上的绿色色素与红色色素混合在一起，叶子就会呈紫色。

山茱萸

红色的落叶

在秋天，落叶树准备落叶时，叶柄和树枝之间会形成离层把光合作用所产生的糖分留在树叶上。糖分又转化为花青素使树叶变红。

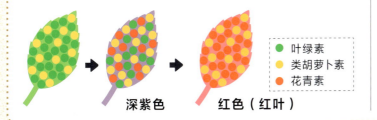

● 叶绿素
● 类胡萝卜素
● 花青素

深紫色　　红色（红叶）

褐色的落叶

树叶在绿色色素褪去后，在类胡萝卜素、花青素和单宁酸*的作用下变成褐色。

麻栎

美丽的落叶最终还是会变成褐色。

树叶是怎么落下的？

当天气逐渐变冷，树叶不能顺利工作时，叶柄基部会形成离层，阻止水分和养分通过。当离层完全形成时，树叶就会掉落。

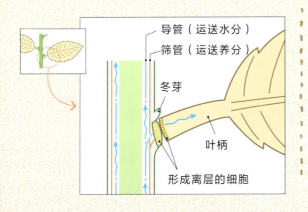

导管（运送水分）
筛管（运送养分）
冬芽
叶柄
形成离层的细胞

树叶在什么环境下会变成鲜红色？

一棵长满红叶的树通常生长在白天阳光明媚、气温较高，夜间气温骤降的地方。在这种环境下，树叶既能长时间暴露在阳光下，又能吸收水分，不干燥。最终它们就变成美丽的红叶了。

* 单宁酸：有机多酚（fēn）类的复杂化合物。

和落叶一起玩！

大量的树叶落在了树林和公园里。
让我们化作风儿，和它们一起玩吧！
你可以用落叶玩各种各样的游戏。

落叶
游泳池

寻宝
游戏

妈妈把糖果和玩具都藏起来了。它们在哪儿呢？

像不像奥特曼？

树林里有柔软蓬松的床！

▶厚朴
落叶被子。

落叶
被子

落叶
面具

▲玉兰
落叶面具。

▶厚朴
落叶面具。

落叶手工！

虽然许多树在秋季落叶，但春夏之际树叶也会飘落。你可以捡一些常绿树的落叶，用它们做手工。

你要用到这些树的落叶：
- 三裂树参
- 栀子
- 小叶青冈
- 厚叶石斑木
- 宽苞十大功劳

也可以用形状相似的落叶。

你可以把作品用胶带或胶水粘到画纸上，然后把画纸挂在墙上。

你还可以把它们放在彩纸上拍张照片，然后把照片装入相框，再把相框摆在桌子或架子上当装饰品，是不是很有趣呢？

是谁在分解落叶?

蠼螋(qú sōu)
(安田守 摄)

突灶螽(zhōng)
(安田守 摄)

犀金龟的幼虫
(安田守 摄)

食用落叶的生物

每年都有树叶落下，为什么森林没有被落叶"填满"呢？这是因为有些生物可以将落叶分解。它们都是些什么样的生物呢？

木蠊
(安田守 摄)

鼠妇

木伪蝎
(安田守 摄)

蚯蚓

蘑菇、霉菌和细菌将落叶分解为土壤

除了上文介绍过的生物外，蘑菇、霉菌等真菌也可以进一步分解落叶。之后还有更小的细菌会继续分解，让落叶逐渐成为充满养分的土壤。

各种蘑菇（如堇紫珊瑚菌和金盖鳞伞）能通过分解落叶和枯枝来净化森林。

用落叶
制造腐殖土

被分解后的落叶成了树林里肥沃的腐殖土，养分充足还富含水分和空气，能滋润树木和新芽。

过去，人们常常收集树林里的落叶来制造腐殖土种植农作物（例如竹笋）。让我们来看一看腐殖土是如何制作的吧。

❶ 用木头做一个方形容器。

❷ 加入落叶并用脚踩。

❸ 撒上米糠和油，有时会添加鸡粪。

❹ 倒入大量的水。

❺ 重复步骤 ❷ ❸ ❹。

❻ 用塑料膜包住容器，阻止水分流失。

两周后，落叶中的真菌和细菌会开始起作用，叶子会发热。大约三个月后，蓬松的腐殖土就做好了。

落叶成了动物的食物，也为它们提供了藏身之处。

我们用化纤塑料袋试试吧。

▲ 拟斑脉蛱蝶的越冬幼虫（安田守 摄）

落叶能呵护新芽生长。

腐殖土能让森林里的水源富含矿物质，这些水汇入大海后能为海藻和鱼类带去养分，让它们茁壮成长。

知识扩展

词汇解释

乔木 成年后高于 5 米的树。

小乔木 成年后高于 3 米树。

针叶树 叶子形状像针或鳞片的树。

阔叶树 叶子形状平展、宽阔的树。

攀缘植物 茎蔓细长、不能直立，但能攀附支撑物、缘之而上的植物。

灌木 成年后低于 3 米的树。

常绿树 一年四季都有绿叶的树。

落叶树 寒冷或干旱季节树叶枯死脱落的树。

叶片的类型

• 单叶 •

全缘 边缘光滑

锯齿状 边缘不光滑

侧脉
叶柄
叶片

• 复叶 •

小叶　叶轴

三出复叶　羽状复叶

叶片的排列方式

互生 叶子在叶轴两侧交替生长。

对生 叶子在叶轴两侧对称生长。

轮生 每个节上长有三至多片叶子。

花序 许多花按一定顺序排列的花枝。

两性花 一朵中具有雌蕊和雄蕊的花。

2—3 页

1 樟（樟科）
常绿乔木。人们常把它当作一种可以提取樟脑的经济作物，也会栽种用作行道树和园林绿化树。除栽种的树木外，也有野生的千年古木。互生叶，无锯齿，压碎后散发出独特的香味。多见于中国华南和西南各地。

2 交让木（虎皮楠科）
常绿灌木或乔木，生长于丘陵和山地，常用于园林绿化。全缘叶很细，长 10～20 厘米。在 4～5 月旧叶凋落，替换新叶。多见于中国华南和西南各地。

4—5 页

3 山茶（山茶科）
常绿小乔木，树皮洁白光滑，9～10 月结果，果实里的种子可用于提取护发油或食用油。多见于中国四川、山东、江西、台湾等地。

4 长果锥（壳斗科）
常绿乔木，雌雄同株（同一植株上开有雄花和雌花），常用于园林绿化。5 月左右开花，花散发青草味。次年秋季锥果成熟，可食用。

5 厚叶石斑木（蔷薇科）
常绿灌木，叶片于枝头呈车轮状排列，5 月左右开与梅花相似的白色花。多见于中国浙江等地。

6 夹竹桃（夹竹桃科）
常绿灌木或小乔木，原产于地中海沿岸至印度次大陆，常用作行道树和园林绿化树。三轮生或对生叶，夏季开花，叶片和树皮均有毒。多见于中国南方各地。

7 红楠（樟科）
常绿乔木，常用作行道树和园林绿化树。全缘叶，压碎后会散发出独特的香味，秋季结黑色果实。多见于中国南方各地。

8 枇杷（蔷薇科）
常绿乔木，互生叶且较大。冬季开白色花，花朵密布，次年 5～6 月结黄褐色果实。多见于中国南方各地。

9 女贞（木樨科）
常绿小乔木，常用作园林及工厂绿化树。对生全缘叶，叶脉通透。6～7 月开花，10～12 月结果，成熟的果实呈黑色。广泛分布于中国长江流域以南地区。

10 舟山新木姜子（樟科）
常绿乔木或小乔木，雌雄异株（雄花和雌花长在不同的植株上），常用于园林绿化。叶片腹面偏白色，压碎后散发出独特的香味。多见于中国浙江等地。

11 荷花木兰（木兰科）
常绿乔木或小乔木，原产于北美洲，常用于园林绿化。大型全缘叶，6 月左右开大型白色花，有香味。在中国长江流域以南各地有栽培。

12 金森女贞（木樨科）
常绿灌木或小乔木，常用作树篱或园林绿化树。对生全缘叶，叶脉不通透。6 月开花，紫黑色的果实看上去像老鼠的粪便。在中国各地有栽培。

13 厚皮香（五列木科）
常绿乔木，常用作庭院树。全缘叶，秋季结红色果实。多见于中国南方各地。

14 青木（丝缨花科）
常绿灌木，生长于山林间，也被用于园林绿化。对生叶，有许多分枝，冬季雌株结红色果实。多见于中国浙江和台湾等地。

15 可食柯（壳斗科）
常绿乔木，雌雄异株，常用作行道树和园林绿化树，果实不苦，可食用。多见于中国湖南等地。

16 栀子（茜草科）
常绿灌木，常用于园林绿化。6～7月开花，橙色果实可用于食物着色或染色。多见于中国福建、河南、湖北、江西、四川、浙江等地。

17 三裂树参（五加科）
常绿小乔木，常用于园林绿化。三裂叶（一片叶子分裂成三瓣）像蓑衣一样。多见于中国台湾等地。

18 山杜英（杜英科）
常绿乔木，常用于园林绿化，四季都能见到红色的旧叶。多见于中国南方各地。

19 云杉（松科）
常绿乔木，常见于公园和寺庙等处。圆锥形针叶，生长迅速，不乏参天大树。木材可用于制作棺材或建造木塔。在中国江苏、江西、辽宁、山东、台湾和浙江等地有栽培。

20 南天竹（小檗（bò）科）
常绿灌木，常用于园林绿化。全缘羽状复叶，冬季结红色果实，在春节花市很受欢迎。多见于中国华南和西南各地。

21 宽苞十大功劳（小檗科）
常绿灌木，常用于园林绿化。羽状复叶，有五对以上小叶，9～11月开黄色花。多见于中国贵州、湖北、四川、西藏、云南等地。

22 光蜡树（木樨科）
常绿小乔木，雌雄异株，近年多用作行道树和园林绿化树。对生羽状复叶，秋季结便于扩散种子的翅果。多见于中国华南和西南各地。

23 岳桦（桦木科）
落叶乔木，雌雄同株。树皮呈浅橙色，易剥落。多见于中国长白山和大、小兴安岭地区。

24 圆齿水青冈（壳斗科）
落叶乔木，雌雄同株，叶片上有七到十一对侧脉。壳斗*可分裂为四片，含两枚果实。果实虽小但可食用，动物非常爱吃。多见于中国东北、华北、华中、西北等地。

25 真桦（桦木科）
落叶乔木，雌雄同株。叶片较大，长8～15厘米，基部呈心形凹陷。

26 白桦（桦木科）

27 蒙古栎（壳斗科）
落叶乔木或灌木，雌雄同株，叶柄几乎不可见。木材不易燃烧，壳斗有鳞状深坑。多见于中国东北、华北、华中、西北等地。

28 山毛榉（壳斗科）
落叶乔木，雌雄同株，生长于比圆齿水青冈海拔更低的山区，木材材质不如圆齿水青冈。互生叶，腹面多毛，有十到十四对侧脉。

29 长梗槭（无患子科）
落叶小乔木，雌雄异株（偶尔同株），在山地与圆齿水青冈和蒙古栎共生。五裂叶，尖端细长，结有翅果。多见于中国东北、华北、华中、西北等地。

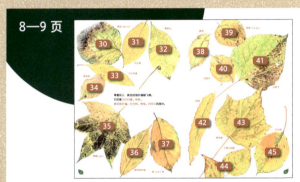

30 荚蒾（五福花科）
落叶灌木，生长于低地或山林中。对生叶，枝叶较粗糙。6月左右开花，秋季结红色果实，果实可酿酒。多见于中国河北、河南、江苏、山东、陕西、浙江等地。

31 天仙果（桑科）
落叶灌木或小乔木，雌雄异株，折断枝条会流出白色乳液。4～5月开花，果实似无花果。多见于中国南方各地。

32 臭常山（芸香科）
落叶灌木，雌雄异株，生长于丘陵和山谷地带。互生全缘叶，枝条上的叶子以左右两两对生的规律排列。7～10月果实开裂，种子飞出。多见于中国华南和西南各地。

33 大叶钓樟（樟科）
落叶灌木，雌雄异株，生长于低地、山林中。互生全缘叶，有独特的香味。嫩枝为绿色，枝条可用于制作品尝点心的签子。多见于中国长江中下游各省。

34 野茉莉（安息香科）
落叶小乔木，生长于光照充足的林地，树皮光滑呈黑色。互生叶，5～6月开花，白色星形花朵朝着地面开放。果实在被敲碎后会产生带泡的液体，这是因为果皮中含有一种叫皂苷（gān）的有毒成分。在中国广泛分布。

35 刺楸（五加科）
落叶乔木，叶片大而厚实，有光泽。叶柄较长，嫩枝上有刺。木材可用于建筑和制造工具。多见于中国安徽、贵州、江苏、四川、浙江等地。

36 鹅耳枥叶槭（无患子科）
落叶小乔木，雌雄异株，对生叶无缺口，秋季雌株结翅果。

37 枹栎（壳斗科）
落叶乔木，雌雄同株，生长于低地和山地，壳斗上的鳞状坑较浅，常用于园林绿化。松鼠和田鼠为了越冬都会储存枹栎的果实。在中国广泛分布。

38 春榆（榆科）
落叶乔木，叶片有大小不一的锯齿，长3～12厘米。4～5月开花，约6月结出薄圆盘状的翅果，翅果会随风飞舞。多见于中国东北、华北、西北地区。

39 菝葜（菝葜科）
攀援型落叶树，生长于光照充足的林地。枝上长有尖刺，对生全缘叶，并有一对攀缘须。秋季结红色果实，可用于制作花环。多见于中国河南、山东及南方各地。

40 四照花（山茱萸科）
落叶小乔木，生长于山林中，也可用于园林绿化。对生全缘叶，树皮呈鳞片状可剥落。6月左右会长出4片花瓣状的醒目白色苞片（包裹着新芽的叶子），秋季红色的果实成熟后可食用。在中国长江流域及河南、山西、陕西、甘肃等地有栽培。

41 山桐子（杨柳科）
落叶乔木，雌雄异株。互生叶，叶柄上有蜜腺（外分泌结构，可分泌糖液）。巨大的叶子可用于包裹食物（如米饭），秋季从枝头垂下红色果实。多见于中国甘肃、河南、陕西、山西、台湾等地。

42 麻栎（壳斗科）
落叶乔木，雌雄同株，生长于低地和丘陵地带。4～5月开花，次年秋季才结出球状果实，壳斗呈线状且易碎。多见于中国华北、华南地区。

43 野梧桐（大戟科）
落叶乔木或小乔木，雌雄异株，生长于光照充足的地带（比如树木被砍伐后的空地）。互生叶，红色的嫩枝颇为醒目。秋季，雌株会结出含油的黑色种子，吸引雀鸟啄食。多见于中国华南地区。

44 大果山胡椒（樟科）
落叶灌木或小乔木，雌雄异株，全缘叶，生长于丘陵和山地。3～4月间黄绿色的花朵会早于叶片绽放，黑色的种子在秋季成熟。过去，人们会将它的果实压碎来获取灯油。多见于中国浙江、安徽、湖北等地。

45 灯台树（山茱萸科）
落叶乔木，低海拔地区至山地均可见。在春季将它的枝条切开能看到水分流出。全缘叶，腹面略偏白色。4～5月开白色花朵吸引昆虫来访。多见于中国辽宁、华北、西北至华南、西南等地。

*壳（qiào）斗：某些植物果实特有的外壳。

落叶灌木，雌雄异株。叶片呈三裂状，裂口底部有圆孔。多见于中国山东、山西、河南等地。

49 连香树（连香树科）

落叶乔木，雌雄异株，生长于山谷，可用作行道树和园林绿化树，木材可用于制作家具和乐器。4月左右开红色花，之后长出对生叶，秋季雌株结香蕉状的小果实。多见于中国华北、华南地区。

50 胡桃楸（胡桃科）

落叶乔木，雌雄同株。叶片为大型羽状复叶。9～10月结簇生果，种子富含蛋白质和脂肪，可食用。多见于中国东北、河北、山西等地。

51 厚朴（木兰科）

落叶乔木，生长于丘陵和山地。巨大的全缘叶在过去会被人们用来盛食物。5～6月，白色的大花向上开放。在中国东北、北京、山东、广东等地有栽培。

52 鼻甲七叶树（无患子科）

落叶乔木，可用作行道树和园林绿化树。叶片多为5～9片小叶组成的对生叶，看起来就像摊开的手掌。4～5月开花，秋季结巨大的果实，果实中有带光泽的种子，去除涩味后可食用。在中国山东、上海等地有栽培。

46 多花领春木（领春木科）

落叶小乔木，多见于丘陵和山谷地带。叶片尖端呈明显锯齿状，颇为独特。3～4月会先开暗红色的花朵再长出叶片。多见于中国四川等地。

47 三桠乌药（樟科）

落叶灌木或小乔木，雌雄异株。全缘叶，形似一个顶端分开的勺子。早春时节开黄色花，之后长出叶片。在中国广泛分布。

48 深裂钓樟（樟科）

落叶灌木或小乔木，生长于丘陵或山地。叶缘呈细锯齿状，5月左右开花，秋季结红色果实。木料材质坚硬，可用作镰刀的刀柄。多见于中国西北、华中、西南、华南地区。

59 红花槭（无患子科）

落叶乔木，雌雄异株，发新芽前会开红色花朵，可用作园林绿化树。对生叶，腹面呈粉白色。在中国多地有栽培。

60 黑樱桃（蔷薇科）

落叶乔木，可用于园林绿化。4月左右同时长出花朵和嫩叶。叶片基本无毛，树皮可用来制作手工艺品。多见于中国东北地区。

61 珍珠花（杜鹃花科）

落叶灌木，全缘叶，茎扭曲。5～6月开白色壶状花，花朵下垂。多见于中国华南地区。

62 桑叶葡萄（葡萄科）

攀缘性落叶树，雌雄异株，叶片腹面偏白色，通过有吸附能力的卷须攀爬附生。6～8月开花，秋季雌株上结可食用的黑色果实。多见于中国华北、华南、西南地区。

63 溲疏（绣球花科）

落叶灌木，生长于林地和其边缘。叶片对生，5～6月枝头上会开大量白色花朵，枝条中空。多见于中国长江流域各省。

64 菱叶杜鹃（杜鹃花科）

落叶灌木，多用于庭院绿化。全缘叶，三枚叶片集于枝头。3～4月紫红色的花朵开放，花开后长出叶片。多见于中国云南等地。

65 腺齿越橘（杜鹃花科）

落叶灌木，生长于丘陵和山脊。叶片粗糙，5～6月开花，11月左右结可食用的黑色果实。从夏季开始叶片会像野漆的树叶一样变红。多见于中国山东、江苏等地。

53 荚蒾（见 30 ）

54 垂丝卫矛（卫矛科）

落叶灌木或小乔木，对生叶，边缘呈细锯齿状。5～6月开花，9～10月果实裂开后能看到红色的种子。多见于中国辽宁、安徽、山东、浙江等地。

55 海滨木槿（锦葵科）

落叶灌木，叶片较圆，呈心形。夏季开黄色花朵。多见于中国浙江舟山群岛和福建的沿海岛屿。

56 毛葡萄（葡萄科）

57 地锦（葡萄科）

攀缘性落叶树，生长于光照充足的林地，通过有吸附能力的卷须攀爬附生。叶片呈三裂状或形成三出复叶，秋季会变红，颇为美丽。多见于中国东北、华北和华南地区。

58 毛叶石楠（蔷薇科）

落叶乔木或小乔木，雌雄异株，拥有槭属中颇为少见的三出复叶。5月开花，秋季结翅果。多见于中国南方地区。

68 鸦胆子（苦木科）

落叶小乔木，雌雄异株，生长于林地边缘和路边。羽状复叶，叶轴上有翅，虫瘿 * 内含大量单宁酸，可用于制作药物和染料。多见于中国华南地区。

69 东方毒漆藤（漆树科）

攀缘性落叶树，雌雄异株。生长于林地，用气生根（茎上长出的根）来攀缘树木和岩石。三出复叶，秋季叶片为鲜红色，

人类触碰到的话会起疹子。多见于中国云南等地。

70 野漆（漆树科）

落叶乔木，雌雄异株，多栽种于公园、庭院等处。羽状复叶，秋季的红叶颇为美丽，果实可用来提取果蜡。在中国广泛分布。

71 木蜡树（漆树科）

落叶小乔木，雌雄异株。互生状复叶，树枝上会流出白色汁液，人类触碰到会起疹子。野生鸟类很爱吃雌株上结出的果实。多见于中国长江流域以南各地。

66 七灶花楸（蔷薇科）

落叶小乔木，在山地与圆齿水青冈和蒙古栎共生，也可用作行道树和园林绿化树。羽状复

叶，5～7月开花，秋季叶片和果实皆为红色，十分美丽。多见于中国北方地区。

67 毛果槭（无患子科）

* 虫瘿（yǐng）：因昆虫或螨类的取食刺激引起植物组织局部增生而形成的瘤状物。

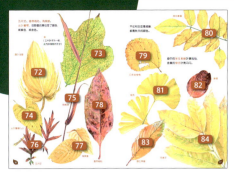

72 圆叶玉簪（天门冬科）
多年生草本植物，生长于草原和森林边缘，常被种植于花园内。叶片较大，根部呈心形，7～8月会开出许多淡紫色花朵。多见于中国上海、浙江、四川等地。

73 葛（豆科）
攀缘性落叶树，常见于森林边缘和路旁。三出复叶，攀缘须向右上方缠绕。夏、秋季开紫红色的花，从根部可提取出淀粉，叫葛根粉。多见于中国广东、湖北、浙江、江西等地。

74 尖叶薯蓣（薯蓣科）
攀缘性多年生草本植物，生长于林地。叶片细长，呈心形对生，少数情况为互生。附于叶柄基部的圆形株芽可食用，挖出来的块茎可做成汤。多见于中国华南、西南地区。

75 狗尾草（禾本科）
著名的"逗猫棒"，常见的一年生（从发芽到开花、结果、枯萎的总时长不足一年）草本植物，因长得像狗尾巴而得名。近似种大狗尾草的花穗（穗状花序）是下垂的，而狗尾草的花穗是直立的。在中国广泛分布。

76 五月艾（菊科）
生长于道旁或草原上的多年生草本植物。互生叶，腹面有密集的白毛。腹面的毛可用于艾灸，春季带有香味的嫩叶可用于制作点心。在中国广泛分布。

77 鸡屎藤（茜草科）
攀缘性多年生草本植物，椭圆形全缘对生叶，长于林地和篱笆处。在6～9月盛开的花朵很美丽，但摩擦后会发臭，因此得到了这个不好听的名字。在中国广泛分布。

78 垂序商陆（商陆科）
多年生草本植物，原产于北美洲，多见于空地、田野和路边，高1～2米。6～9月开花，秋季结深紫色果实。整株皆有毒，不可食用。在中国广泛分布。

79 日本金缕梅（金缕梅科）
落叶小乔木，弯曲的枝条可做绳索，常用于园林绿化。每年在山林中，黄色的花都会早早开放，宣告春天的到来。多见于中国江苏、江西等地。

80 多花紫藤（豆科）
攀缘性落叶树，常用于园林绿化。羽状复叶，攀缘须向左上方缠绕。5月左右淡紫色的花向下开放。10月豆荚成熟，种子飞出。在中国多地有栽培。

81 银杏（银杏科）
落叶乔木，雌雄异株。黄叶十分美丽，过去多栽种于寺庙，现多为园林绿化树及行道树。雌株结果，果实中白色的种子被称为白果。中国特有，生长于浙江，现多地栽培。

82 紫薇（千屈菜科）
落叶灌木或小乔木，多用于园林绿化。对生全缘叶，盛夏时开花，树皮易剥落。在中国广泛分布。

83 野生早樱（蔷薇科）
落叶乔木或小乔木，许多是庙中古树。多见于中国湖南、江西等地。

84 无患子（无患子科）
落叶乔木，多见于寺庙。全缘羽状复叶，但无最上面的小叶。6月左右开花。多见于中国华东、华南至西南各地。

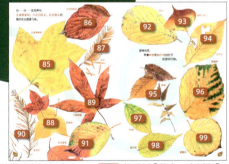

85 北美鹅掌楸（木兰科）
落叶乔木，原产于北美洲，多为行道树和园林绿化树。全缘叶，5～6月开花，花朵似郁金香，10月果实散落。在中国广东、江苏、江西、山东、云南等地有栽培。

86 大花四照花（山茱萸科）
落叶小乔木，原产于北美洲，多为行道树和园林绿化树。全缘叶，外形比四照花略大一些。花朵的苞片有白、红、淡粉等颜色。多见于中国河南、江苏、陕西、云南等地。

87 水杉（柏科）
落叶针叶乔木，雌雄同株，枝、叶均对生，被称作植物中的"活化石"。中国特有，仅生长于重庆、湖北、湖南，现多地有栽培。

88 枫香树［薰(xūn)树科］
落叶乔木，雌雄同株，多为行道树和园林绿化树。4月，雄花花序向上，雌花花序下垂，呈红色球形。秋季，种子从长着毛刺的果实里散落。多见于中国华南地区。

89 北美枫香（薰树科）
落叶乔木，雌雄同株，原产于北美和中美洲，多为行道树和园林绿化树。五裂叶，叶缘有细锯齿。4月左右开花后球形果实从枝头上垂下。多见于中国江苏、上海、云南等地。

90 落羽杉（柏科）
落叶针叶乔木，雌雄同株，叶片扁平呈线形。原产于北美洲湿地，多为园林绿化树。与水杉不同，枝、叶均互生，从地面长出呼吸根。在中国多地均有栽培。

91 东京樱花（蔷薇科）
落叶乔木，对生叶，叶柄处有一对蜜腺。

92 玉兰（木兰科）
落叶乔木，多用于园林绿化。全缘叶，3月左右开白花，香气四溢，之后长出叶片。生长于中国贵州、湖南、江西、浙江等地，现已在城市园林广泛栽培。

93 乌桕［大戟(jǐ)科］
落叶乔木或小乔木，雌雄同株，过去多用于提取蜡油，现为行道树和园林绿化树。全缘叶，果实中的种子由白色蜡质包裹，鸭(bēi)非常爱吃。多见于中国黄河流域以南各地，北达陕西、甘肃等地。

94 白木兰（木兰科）
落叶乔木，多为行道树和园林绿化树。全缘叶，3～5月花朵开放之后长出叶片。秋季果实裂开，垂下红色的种子。在中国多地有栽培。

95 榉树（榆科）
落叶乔木，雌雄同株，多为行道树和园林绿化树。开花的树枝叶片较小，秋、冬季果实成熟后会连着树枝一起掉落。在中国广泛分布。

96 金缕梅（金缕梅科）
落叶灌木或小乔木，多为园林绿化树。叶片左右不对称，1～3月开金黄色的花，花朵比日本金缕梅更大。多见于中国安徽、广西、湖北、湖南、江西、四川、浙江等地。

97 朴树（大麻科）
落叶乔木，雌雄同株。叶片有明显的三条叶脉，富有光泽，树皮无裂纹。4月开花，秋季结出可食用的红褐色果实。多见于中国华中、华南地区。

98 糙叶树（大麻科）
落叶乔木，雌雄同株。叶片背面和腹面均粗糙多毛，树皮有纵纹。4～5月开花，秋季黑色的果实成熟，味道似柿子干，鸭和椋(liáng)鸟很爱吃。在中国广泛分布。

99 蜡瓣花（金缕梅科）
落叶灌木，多用于园林绿化，可扦(qiān)插*，叶片侧脉明显。3～4月开淡黄色的花朵，之后长出下垂状的叶片，果实裂开后可见两枚黑色种子。多见于中国华中、华南、西南地区。

* 扦插：也称插条，是一种培育植物的常用方法。

100 圆栗（壳斗科）

落叶乔木或小乔木，雌雄同株，树皮有纵纹。梅雨季节开花，花香独特，果实较小。木材耐腐蚀，可用于建造房屋和制作工艺品。在中国江西、辽宁、山东、台湾等地有栽培。

101 蓝莓（杜鹃花科）

落叶灌木，多种近似种的统称，多为园林绿化树和果树。互生全缘叶，4月左右开花，6～8月果实成熟变黑，可生吃也可做成果酱。多见于中国大兴安岭北部、长白山等地。

102 柿（柿科）

落叶乔木或小乔木，多为园林绿化树和果树。雌雄异花同株，5～6月开花。树皮有网状纹路，果实可生吃也可做成柿子干。在中国广泛分布。

103 杏（蔷薇科）

落叶乔木或小乔木，多为园林绿化树和果树。叶片会由独特的粉色逐渐转变为红色。3～4月开浅粉色的花，6月结果，果实可生吃也可做成果酱。在中国广泛分布。

104 葡萄（葡萄科）

攀缘性落叶树。原产于美洲、地中海及西亚地区，目前已有许多人工栽培品种。果实可生吃也可做成果酱。在中国广泛栽培。

105 石榴（千屈菜科）

落叶灌木或小乔木，原产于西亚地区，多为园林绿化用树。叶片对生，枝头有荆棘。6～7月开花，9～10月厚实的果皮裂开，露出外皮酸甜可口的种子。在中国广泛栽培。

106 梅（蔷薇科）

落叶小乔木，品种较多，多为园林绿化树或果树。树皮纹路纵横，嫩枝为绿色。果实可药用，直接食用青梅会引起腹痛，可制成梅干、梅子酒、梅子汁等。在中国广泛栽培。

107 榉树（壳斗科）

落叶乔木，雌雄同株，树皮黑色有纵纹，生长于光照充足的环境，多为园林绿化树。4～5月开花，当年果实成熟。壳斗有扭曲鳞状纹，叶片可用于包裹食物。在中国广泛分布。

108 加拿大唐棣（蔷薇科）

落叶小乔木，是原产于美国和加拿大一带的唐棣属植物的总称，多为园林绿化树。4月白色花朵开放后长出叶片，6月果实成熟后由红转深紫色。在中国北京、山东等地有栽培。

109 锦绣杜鹃（杜鹃花科）

常绿灌木，4～5月开紫红色的花朵，花径较大，常用于园林绿化。在中国华南地区有栽培。

110 姬娑罗（山茶科）

落叶乔木或小乔木，多为园林绿化树，橙色的树皮非常醒目。6月左右开白色花，9～10月果实成熟，之后飘落带翅的种子。

111 花椒（芸香科）

落叶灌木，雌雄异株。叶片为羽状复叶，嫩枝有棘刺。雌株上的新果可磨成粉用来调味，老枝可做成碾棒。在中国广泛分布。

112 卫矛（卫矛科）

落叶灌木，生长于低海拔地区。叶片对生，枝上有4列宽木栓翅。嫩枝为绿色，红叶十分美丽，秋季果实裂开后可见到红色的种子。在中国广泛分布。

113 木芙蓉（锦葵科）

落叶灌木，五裂叶，花朵在夏季次第开放，种子在12月从毛茸茸的果实中掉出。多见于中国福建、广东、湖南、台湾等地。

114 夏椿（山茶科）

落叶乔木或小乔木，多用于园林绿化。树皮为赤褐色，有斑驳花纹。6月左右开花，10～11月结五裂状果实。

115 台湾吊钟花（杜鹃花科）

落叶灌木，常用作园林绿化树。4月左右开瓶状的白色花朵之后结果。多见于中国台湾等地。

116 山楂叶枫（无患子科）

落叶小乔木，雌雄异株，生长于丘陵和山地的树林中。新树皮是绿色的，有纵纹，三裂状叶片对生，秋季结翅果。

117 鸡爪槭（无患子科）

落叶乔木或小乔木，雌雄异花同株，雄花和两性花混生于同一花序中。五裂或七裂对生叶，裂口底部较深，叶缘锯齿较粗。4～5月开花，7～9月结翅果，果翅呈水平打开状。因为长着鲜艳的红叶，所以常被种植于寺庙、公园、庭院等处。在中国广泛栽培。

118 瓜皮槭（无患子科）

落叶乔木或小乔木，雌雄异株（少数同株），生长于丘陵和山地。新树的树皮有像瓜皮一样的纹路，三裂或五裂对生叶，裂口较浅。4～5月开花，结翅果，果翅接近水平打开状。常见于中国吉林、江苏、辽宁等地。

119 鬼槭（无患子科）

落叶乔木，雌雄异株。五裂（有时也为三裂或七裂）对生叶，叶缘有较粗的锯齿。红叶会变为黄色，再变为橙色。结翅果，果翅几乎不打开。

120 五角槭（无患子科）

落叶乔木，雌雄异花同株，雄花和两性花混生于同一花序中。五裂或七裂对生全缘叶，叶形变化较多。4～5月开花，花朵朝上开放。结翅果，果翅呈直角或锐角。在中国广泛分布。

121 羽扇槭（无患子科）

落叶乔木或小乔木，雌雄异花同株。雄花和两性花混生于同一花序中，多为园林绿化树。九裂或十一裂对生全缘叶，嫩叶多毛。4月左右开花结翅果，果翅接近水平打开状。

122 三角槭（无患子科）

落叶乔木，雌雄异花同株，雄花和两性花混生于同一花序中。多为行道树和园林绿化树，树皮会纵向剥落。三裂状全缘对生叶，结翅果，果翅呈平行或锐角状。对海风和大气污染有一定的抵御作用。在中国广泛分布。

123 富宁槭（无患子科）

落叶乔木或小乔木，雌雄异花同株，雄花和两性花混生于同一花序中，多为行道树和园林绿化树。对生叶，叶缘有整齐排列的细锯齿。4～5月开花后结翅果，果翅呈锐角或钝角。常见于中国云南等地。